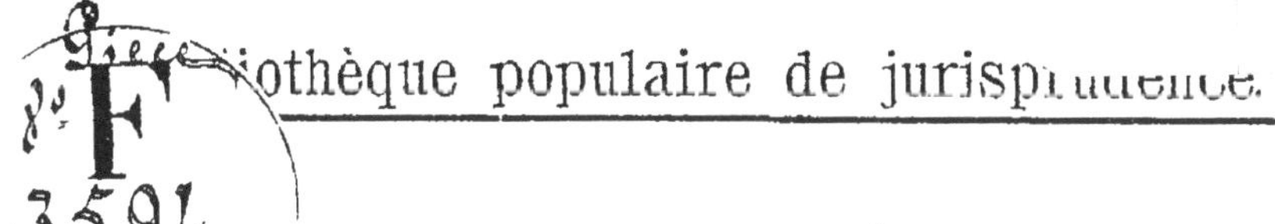

Les Contributions

en

Alsace-Lorraine.

A l'usage des contribuables

par

TH. VAILLANT,

Conseiller au tribunal cantonal.

Metz,
Rodolphe Lupus, Éditeur.
1903.

Mietzins-Quittungsbuch.
Preis 15 Pfg.

SEIFFERT, Rittmeister: Anhaltspunkte für die Instruktion der Unteroffiziere und Patrouillenführer über Frankreich und die französische Armee.
1902. 2. Auflage. — Preis 30 Pfg.

Merktafeln für das Turnen der Infanterie
nach der Turnvorschrift vom 24. X. 1895 u. 1897
1902. 12 Auflage. Preis 15 Pfg.

Merktafeln für das Geschütz-Exerciren der Feldartillerie.
nach dem Exerc.-Regl. vom 10. VIII. 1899. Material C. 96 und 98.
1900. — Preis 15 Pfg.

⚘ Lieder eines Lothringers ⚘
Gedichte von THEODOR LEROND 1900.
Preis Mk. 1.20.

SEIFFERT, Rittmeister: Kurzer Überblick über die Geschichte des 2. Hannover'schen Ulanen-Regts. Nr. 14, mit Karte. 1900.
Preis Mk. 1.—

CAUSSE, Eugen, Poetische Kleinigkeiten für Ansichtskarten etc. 1900.
Preis 15 Pfg.

PFISTER, Prof., Führer durch Nancy ⚘
aus dem Französischen übersetzt. — 1901.
Preis 60 Pfg.

„Das Reichsland"
Monatsblätter für Wissenschaft, Kunst und Volksthum.
Herausgegeben von Professor G. Kohler, Metz.
Preis Mk. 2.50 pro Quartal.

Die Kriegs-Ereignisse um Metz im Jahre 1870.
Nach den besten Quellen bearbeitet von Georg Lang.
1900. 8. Auflage. — Preis 60 Pfg.
Ausgabe für Soldaten: Preis 30 Pfennig.
In Partien von 25 Stück: 25 Pfennig.

Lang. G.. The battles around Metz 1870.
Preis 80 Pfg.

Les Contributions

en

Alsace-Lorraine.

A l'usage des contribuables

par

TH. VAILLANT,

Conseiller au tribunal cantonal.

Metz,
Rodolphe Lupus, Éditeur.
1903.

I. La contribution foncière.

II. L'impôt sur les bâtiments.

III. L'impôt professionnel.

IV. L'impôt sur l'exercice des professions ambulantes.

V. L'impôt sur le capital.

VI. L'impôt sur les salaires et traitements.

I. La Contribution foncière.

1. En vertu des lois du 6 avril 1892 (Bull. des lois p. 33) et du 13 juin 1900 (Bull. des lois p. 115) une *nouvelle évaluation* du revenu net des propriétés non bâties dans toutes les communes du pays a été décidée; elle se fera en dehors du renouvellement du cadastre. Les frais de la nouvelle évaluation seront supportés par le trésor, à l'exception des indemnités pour dommages faits aux champs; ces indemnités seront à la charge des communes (§§ 25, 26).

2. Afin de pouvoir procéder à la nouvelle évaluation, toute la superficie du pays sera divisée en un certain nombre de *districts d'évaluation,* qui seront formés en prenant pour base la nature similaire du sol, l'élévation au-dessus du niveau de la mer, le mode de culture, ainsi que l'état de la population et les voies de communication. Cette division est effectuée par la *Commission des taxateurs du pays.* La commission se compose de 15 membres, dont 9 sont choisis par le Landesausschuss, 6 nommés par le Ministère; elle décide à la majorité des voix et peut prendre des décisions dès que 8 membres sont présents; elle peut, en tout temps, s'adjoindre des experts. Dans chacun des districts d'évaluation la commission a à choisir le nombre suffisant de

banlieues, contenant autant que possible toutes les natures de terrain, et étant propres à servir de modèle aux évaluations : *banlieues-type*. Les terrains ne peuvent être divisés quant à leur exploitation permanente (Kulturart) qu'en terres labourables, jardins, vignes, prés, pâturages, bois, étangs, terres incultes et terrains non cultivables. La superficie des propriétés bâties et des cours ou jardins y attenant, n'entre pas en ligne de compte tant que leur contenance ne dépasse pas 20 ares, et doit être traitée d'après les dispositions pour les propriétés bâties (voir chap. II). Après avoir déterminé les différentes natures de culture et les classes dans les banlieues-type, la commission calcule le revenu net pour chaque nature de culture et chaque classe de terrains, en prenant pour base les mercuriales des années 1884 jusqu'à 1891 inclusivement et en faisant abstraction de l'année la plus faible et de l'année la plus forte (voir la loi du 26 juillet 1896, Bull. des lois p. 69). Les résultats. des évaluations-type, après les publications préalables, sont exposés à la mairie de la banlieue qui a fait l'objet de ces évaluations. *Les réclamations* peuvent, dans un délai péremptoire d'un mois, être adressées au directeur des contributions directes ou à la mairie en question. Les réclamations sont jugées par la Commission. Contre cette décision les intéressés ainsi que le directeur des contributions directes pourront, pendant un délai péremptoire d'un mois, interjeter appel au Ministère, qui décidera en dernier ressort. Ces évaluations-type servent de modèle et de guide pour les évaluations dans les autres banlieues du district (§§ 27—33).

3. *Les évaluations dans les différentes banlieues* de chaque district d'évaluation se font par des *Commissions spéciales d'évaluation*. Chaque Commis-

sion se compose de 3 membres, savoir : d'un fonctionnaire, nommé par le Ministère, d'un *taxateur de district*, choisi par le Conseil d'arrondissement (Kreistag) et d'un *taxateur local,* qui sera désigné spécialement pour chaque commune. Les opérations des Commissions d'évaluation sont soumises à la surveillance de la Commission des taxateurs du pays. *Les résultats des évaluations,* après les publications préalables, sont exposés à la mairie en question. *Les réclamations* peuvent, dans un délai péremptoire d'un mois, être adressées au directeur des contributions directes ou à la mairie. Les réclamations sont jugées par le directeur des contributions directes. Contre cette décision les intéressés pourront, pendant un délai péremptoire d'un mois, interjeter appel au Ministère, qui décidera en dernier ressort (§§ 34—38).

4. L'évaluation est faite sur *toutes les propriétés foncières,* sauf les *exceptions* suivantes : Ne sont point cotisables toutes les propriétés, qui, d'après leur nature, ne rapportent rien, savoir notamment : les rues, les grandes routes, les chemins publics vicinaux, les places publiques, les fontaines publiques, les ponts, les rivières etc.; ne sont point cotisables en outre les propriétés sans revenu de l'Empire, de l'Alsace-Lorraine, des départements et des communes et en tant qu'elles sont destinées à un usage public; de même les jardins botaniques et les pépinières des départements, les forêts du pays, les canaux de navigation: enfin toute propriété bâtie, y compris la cour et le jardin y attenant, si ce dernier toutefois ne dépasse pas 20 ares (voir num. 2).

Du reste la contribution foncière est due pour les domaines nationaux productifs, déclarés aliénables, ainsi que pour les propriétés appartenant aux communes. Il en est de même des terrains connus sous le nom de « biens communaux », tant qu'ils n'auront point été partagés (loi du 3 frimaire an VII; lois du 8 et 26 décembre 1873).

5. *Le taux* applicable à la contribution foncière au prorata des revenus nets réexpertisés est fixé à 3 $1/_2$ du cent du revenu net.

6. Les propriétaires qui, par des grêles, gelées, inondations ou autres intempéries, perdraient la totalité ou une partie de leur revenu, pourront se pourvoir en *remise totale* ou en *modération partielle* de leur cote de l'année dans laquelle ils auront éprouvé cette perte (loi du 15 septembre 1807).

II. L'Impôt sur les bâtiments.

1. En vertu des mêmes lois concernant la nouvelle évaluation du revenu net des propriétés non bâties (voir ci-dessus I, num. 1), et en dehors de celle-ci, une *nouvelle évaluation* des propriétés bâties a aussi été décidée; et de même les frais de cette nouvelle évaluation seront supportés par le trésor (§§ 25, 26).

2. Tout bâtiment soumis à l'impôt (voir ci-dessous num. 7) y compris sa superficie ainsi que la cour et le jardin y attenant, si ce dernier toutefois ne dépasse pas 20 ares, sera classé selon sa *valeur d'exploitation* annuelle dans l'une ou l'autre classe du tableau tarif ci-annexé. Si le revenu est supérieur à une classe et inférieur à une autre classe, le bâtiment sera classé dans la catégorie inférieure (§ 40).

Tableau-Tarif.

Classe.	Valeur d'exploitation annuelle des bâtiments. ℳ	Classe.	Valeur d'exploitation annuelle des bâtiments. ℳ	Classe.	Valeur d'exploitation annuelle des bâtiments. ℳ
1	10	17	350	33	1700
2	20	18	400	34	1900
3	30	19	450	35	2100
4	45	20	500	36	2300
5	60	21	550	37	2500
6	80	22	600	38	2800
7	100	23	650	39	3100
8	125	24	700	40	3400
9	150	25	800	41	3700
10	175	26	900	42	4000
11	200	27	1000	43	4300
12	225	28	1100	44	4600
13	250	29	1200	45	4900
14	275	30	1300	46	5200
15	300	31	1400	47	5500
16	325	32	1500	48	6000*

* Les classes suivantes augmentent chaque fois de 500 ℳ de la valeur d'exploitation annuelle.

3. *Sont soumis à l'évaluation :* les bâtiments qui servent exclusivement ou principalement d'habitation et dont quelques locaux seulement servent pour l'industrie (magasins de vente, ateliers etc.), de même les théâtres, les lieux de réunion et autres établissements semblables, ensuite les bâtiments, qui servent exclusivement ou principalement pour l'industrie, notamment les fabriques et manufactures, les tuileries, les fabriques de chaux et de plâtre, les brasseries et distilleries, les forges et établissements métallurgiques, les ateliers de forgerons et fonderies et les moulins. Pour ces bâtiments il n'y

a que la valeur locative du local qui puisse être prise en considération; il n'est pas tenu compte des moteurs avec lesquels ils se trouvent en communication, ni des machines et ustensiles qui pourraient s'y trouver. Sont *exclus* de l'évaluation: Notamment les bâtiments qui appartiennent à l'Empereur, les bâtiments sans revenu qui appartiennent à l'Empire, à l'Alsace-Lorraine, aux départements ou aux communes et qui sont destinés à un usage public ou à l'instruction publique, les bâtiments affectés au service du culte, les presbytères, les établissements de bienfaisance, les orphelinats, les hôpitaux etc.; ensuite les bâtiments inhabités de même que les caves, greniers, remises, granges, écuries etc., en tant qu'ils ne servent que pour l'exploitation agricole et qu'ils sont spécialement destinés à loger les ustensiles aratoires, les bestiaux, les récoltes; enfin les bâtiments faisant partie d'un établissement industriel destinés à loger les voitures et harnais ou servant d'écuries (§ 41, 42).

4. *Valeur d'exploitation.* Dans les communes d'une certaine importance où, d'après les loyers réels, on peut établir une base suffisante, la valeur d'exploitation se détermine selon la moyenne de la valeur locative annuelle. Cette dernière se fixe d'après la moyenne des loyers atteints dans la commune pendant les 5 dernières années qui ont précédé immédiatement l'année de l'imposition. Dans les autres localités (notamment dans les petites communes rurales) la situation de la population et des voies de communication, ainsi que la dimension, le genre de construction et la nature des bâtiments et dépendances seront pris en considération pour déterminer la valeur d'exploitation. La Commission des taxateurs du pays (voir num. 5) formera généralement trois classes principales : *a)* les maisons

d'habitation des journaliers, des artisans, des ouvriers de fabrique; *b)* les maisons d'habitation dépendant de propriétés rurales dont le produit net annuel est inférieur à 3000 $\mathcal{M}$; *c)* les maisons d'habitation dépendant de propriétés rurales, dont le produit net annuel est supérieur à 3000 $\mathcal{M}$ (§§ 43, 44).

5. Pour assurer l'uniformité de l'ensemble de toutes les évaluations, il sera institué une *Commission de taxateurs du pays*. Cette commission se compose de 15 membres, dont 9 sont choisis par le Landesausschuss, 6 nommés par le Ministère. En outre, ce qui a été dit au chap. I, num. 2, s'applique aussi à cette commission (§ 45).

6. On procédera à la nouvelle évaluation dans des *districts d'évaluation* par des *Commissions* spéciales, dont les membres sont nommés par les Conseils d'arrondissement, excepté dans les communes qui, à elles seules, forment un district d'évaluation, où ils seront nommés par les Conseils municipaux. *Le résultat des travaux d'évaluation* sera exposé à la mairie et porté à la connaissance des propriétaires. *Les réclamations* contre l'évaluation peuvent, dans un délai péremptoire d'un mois à partir de l'exposition, être adressées par écrit au maire, ou être transmises, soit par écrit, soit verbalement au commissaire d'exécution du district d'évaluation. Les réclamations sont jugées par le directeur des contributions directes. Les intéressés pourront, pendant un délai péremptoire d'un mois, à partir du jour de la communication de la décision, interjeter appel au Ministère, qui décidera en dernier ressort. Les résultats de l'évaluation des différents bâtiments d'une commune seront portés dans un *registre spécial* (Gebäuderegister) (§§ 46, 47, 48).

7. Ces registres serviront de base pour la *fixation de l'impôt*. Les autres dispositions concer-

nant l'impôt sur les bâtiments sont contenues dans les lois du 14 juillet 1895 (Bull. des lois p. 95) et du 13 juillet 1901 (Bull. des lois p. 80). En vertu de ces dispositions *sont soumis à l'impôt* les bâtiments habitables ainsi que les bâtiments servant à l'exploitation d'une industrie, y compris les terrains bâtis, les cours y attenant et les jardins dont la superficie ne dépasse pas 20 ares (voir num. 2). *Sont exempts de l'impôt* tous les bâtiments exclus de l'évaluation (voir num. 3) (§§ 1, 3).

8. *L'impôt annuel* est de 4 % de la valeur d'exploitation en vertu du tarif spécifié ci-dessus (voir num. 2). Le taux est fixé à 2 ¹/₅ du cent de la valeur usufructuaire des logements de service pour les bâtiments qui, quoique étant exempts d'impôt, contiennent les dits logements. Le budget annuel de l'Alsace-Lorraine contiendra une certaine somme à employer en subventions à accorder aux communes dont le chiffre de *centimes additionnels communaux* s'est élevé sans une compensation quelconque. L'impôt des bâtiments est assujetti aux *centimes additionnels départementaux* (loi du 13 juillet 1901).

9. *Le recouvrement* de l'impôt se fait suivant les matrices et les *rôles établis* par le directeur des contributions directes (Heberolle). *Les réclamations* contre la fixation du montant de l'impôt sont admissibles dans le délai de trois mois à partir de la publication du rôle. Devront être jointes la feuille de contribution et les quittances des quotes-parts échues. Le directeur des contributions directes statuera en première instance, et le Ministère en dernier ressort, sur appel, qui devra être interjeté dans un délai de préclusion d'un mois (§§ 9, 10).

10. Il y a lieu d'accorder, sur demande, soit *la remise,* soit *la modération* de l'impôt, notamment

quand il s'agit de bâtiments qui ont été complétement démolis ou qui ont été totalement détruits par incendie, inondation ou autre accident, ou d'un bâtiment hors d'usage pendant un trimestre au moins. La demande en dégrèvement devra être adressée au directeur des contributions directes dans le mois qui suit l'événement ou à partir du jour où le bâtiment a de nouveau été utilisé.

Contre la décision du directeur des contributions directes appel peut être interjeté au Ministère (§ 11). Les décharges et réductions de toutes sortes sont couvertes par les fonds provenant de pfennigs additionnels pour non-valeurs (§ 12).

11. *La contribution des portes et fenêtres* a été supprimée (§ 14).

III. L'Impôt professionnel.

1. En vertu de la loi du 8 juin 1896 (Bull. des lois p. 31) *sont soumis à l'impôt :* les professions établies [1]) exercées en Alsace-Lorraine ainsi que celle de médecin, avocat, notaire et huissier; de même l'exploitation à laquelle se livrent les sociétés de gain et d'économie (Erwerbs- und Wirthschaftsgenossenschaften), notamment : les sociétés coopératives de prêt et crédit, les sociétés pour l'achat de matière première, les sociétés pour la vente des produits, les sociétés de consommation etc. Sont soumises à l'impôt en outre dans la mesure de leur importance : les succursales des entreprises industrielles dont le siége est en dehors de l'Alsace-

---

[1]) C'est-à-dire celles qui ne sont pas à considérer comme « professions ambulantes » (voir chap. IV).

Lorraine, ainsi que les établissements quelconques de fabrication, d'achat ou de vente que celles-ci pourraient avoir dans le pays (§§ 1, 2).

2. *Sont exempts de l'impôt:* l'Empire, l'Alsace-Lorraine, les départements et les communes, en ce qui concerne les entreprises industrielles exploitées par eux dans l'intérêt public et dans un but d'utilité générale; les sociétés publiques de crédit ainsi que les institutions publiques d'assurance; la Banque de l'Empire (Reichsbank); l'exploitation agricole et forestière, l'élève du bétail, la chasse, la pisciculture, la culture des jardins, vergers et vignobles — à l'exception de l'horticulture commerciale — les distilleries agricoles, l'exploitation des mines, l'extraction de tourbe, sable, gravier, glaise, marne, argile, pierre, ardoise, chaux, craie etc., destinés à l'usage personnel; le commerce des objets de consommation, destinés aux marchés hebdomadaires; l'exercice d'une fonction administrative en tant qu'elle est salariée par l'Empire, l'Alsace-Lorraine, le département ou la commune; l'exercice d'une profession artistique, scientifique, littéraire, d'instruction ou d'éducation; les associations, les corporations et sociétés légalement inscrites, qui ont exclusivement pour but la mise en vente des produits agricoles dans l'intérêt commun de leurs membres, ou qui ont pour but l'achat à frais communs d'articles dont chacun des membres a besoin pour l'exploitation agricole, ou l'acquisition et l'emploi à frais communs d'instruments agricoles; les institutions privées d'avance de fonds et de crédit (Vorschuss- und Kreditvereine), dont le capital total n'atteint pas le chiffre de 50 000 $\mathcal{M}$ (§§ 3, 4, 5).

3. L'impôt sur les professions est établi *sur la base de leur produit* suivant le chiffre du revenu annuel moyen.

La taxe est fixée à 1 $^{90}/_{100}$ pour cent de la productivité et est prélevée conformément au tarif ci-joint:

Tarif.

Classe.	Productivité.	Moyenne de la productivité.	De la moyenne de la productivité sont soumis à l'impôt le 1,90 pour cent.
	ℳ	ℳ	°/₀
1	au-dessous de 500	250	20
2	de 500 à 700	600	25
2a	» 700 » 1000	850	30
3	» 1000 » 1500	1250	50
4	» 1500 » 2000	1750	55
5	» 2000 » 2500	2250	60
6	» 2500 » 3000	2750	65
7	» 3000 » 4000	3500	70
8	» 4000 » 5000	4500	75
9	» 5000 » 6000	5500	75
10	» 6000 » 7000	6500	75
11	» 7000 » 8000	7500	75
12	» 8000 » 10000	9000	75
13	» 10000 » 12500	11250	80
14	» 12500 » 15000	13750	90
15	» 15000 » 17500	16250	90
16	» 17500 » 20000	18750	90
17	» 20000 » 25000	22500	100
18	» 25000 » 30000	27500	100
19	» 30000 » 35000	32500	100
20	» 35000 » 40000	37500	100
21	» 40000 » 45000	42500	100
22	» 45000 » 50000	47500	100

Les classes suivantes augmentent chaque fois de 10000 ℳ de productivité; la taxe de 100°/₀ reste la même.

Les industries d'un rendement ne dépassant pas 700 ℳ par an, y compris celui d'autres sources de revenus, ne paient pas de contributions.

Pour couvrir le déficit de l'impôt par suite de décharges, un supplément de droits de 5 pour cent sur le principal de la taxe est prélevé en faveur de l'État. Les dispositions concernant le prélèvement de taxes additionnelles pour le compte des communes et des départements sont également applicables à l'impôt sur les professions (§§ 6, 7, 39, 40 et la loi du 13 juillet 1901 §§ 5, 8. Bull. des lois p. 80).

4. *Lieu de taxation* et *règles d'évaluation*. La taxation a lieu dans la commune dans laquelle la profession est exploitée; si l'exploitation s'étend à plusieurs communes, dans la commune où se trouve le siège de la direction de l'exploitation. Les professions exploitées sans qu'il y ait établissement de siège. commerciale, seront taxées dans la commune où le propriétaire a son domicile; les professions exploitées pour le compte de personnes qui n'ont en Alsace-Lorraine ni siège commercial ni domicile, dans la commune désignée par le directeur des contributions directes. Les professions exercées par plusieurs personnes en commun sont taxées comme si elles n'étaient exercées que par une seule personne; les associés garantissent solidairement l'exécution des obligations qui leur incombent d'après la loi. Le commerce des personnes juridiques et des associations est taxé comme celui des personnes physiques. Pour les sociétés par actions et autres sociétés représentées par une direction, c'est au président et à chaque membre de la direction auxquels incombe la garantie susdite; pour les sociétés en commandite et les sociétés en commandite par actions, aux associés personnellement responsables. La profession exercée par l'épouse d'un industriel, ne vivant pas séparée de lui d'une manière permanente, est imposée conjointement avec celle du mari. Les industries indigènes qui ont des succursales, des établissements de fabrication, d'achat ou de vente dans d'autres États de l'Empire, ne seront

imposées que pour la part relative à l'exploitation indigène (§§ 8, 9, 10, 11, 12).

5. *La taxation à l'impôt* aura lieu chaque année; elle se bornera à l'estimation des nouvelles exploitations créées et à la rectification des changements durables introduits dans une exploitation. Les personnes juridiques, les sociétés par actions, les sociétés en commandite par actions, les sociétés transcrites et toutes les entreprises industrielles obligées de publier leurs bilans et comptes d'administration, sont tenues *d'adresser* annuellement leurs *comptes rendus et bilans annuels* ainsi que les décisions des assemblées générales s'y rapportant, au directeur des contributions directes. Les industriels qui, dans l'année fiscale écoulée, n'ont pas été soumis à l'impôt et qui entre temps ont changé le siège et le mode, ainsi que l'étendue de l'exploitation sont obligés de remettre à la mairie dans les trois semaines une *déclaration* contenant : 1. le nombre de leurs aides et ouvriers; 2. les locaux et moyens d'exploitation (particulièrement l'état dans lequel ils se trouvent et la date depuis laquelle ils sont en usage; les forces motrices — eau, vapeur —; les installations permanentes, consistant en machines, ustensiles, outils; les animaux employés pour l'exploitation). Les industriels ne sont pas tenus de faire des déclarations sur le rendement de leurs industries ou de produire leurs livres de commerce. Sera puni d'une amende jusqu'à 300 *M.* (convertie en arrêts si elle n'est pas recouvrable) quiconque n'aura pas rempli les devoirs sus-relatés ou qui fera sciemment la déclaration d'une façon incomplète ou inexacte (§§ 14, 33, 34 ainsi que la loi du 6 mai 1893, § 13).

6. *Déclaration des professions.* Quiconque entreprendra l'exercice d'une profession devra au préa-

lable en faire la déclaration au maire, soit par écrit, soit verbalement. La déclaration notifiée déjà selon les prescriptions du § 14 du Code industriel (Gewerbeordnung) satisfait à cette obligation. Ce paragraphe ordonne que quiconque commence à exercer une profession est obligé d'en faire immédiatement la déclaration à l'autorité compétente d'après la loi [1]); la déclaration incombe aussi à celui qui exerce une profession ambulante. Sera puni d'une amende se montant au double de l'impôt annuel (convertie en arrêts si elle n'est pas recouvrable) quiconque n'aura pas fait la déclaration dans le délai prescrit. La cessation d'une profession doit être déclarée, par écrit, au percepteur (§§ 15, 32, 34).

7. *Organes, districts et mode de l'évaluation.* L'évaluation des professions sera faite par des *Commissions spéciales* aux *frais* de l'État sous le contrôle du directeur des contributions directes. Pour chaque district d'évaluation il sera formé une Commission d'arrondissement et pour chaque district d'administration une Commission départementale. La Commission d'arrondissement se compose de sept membres, savoir : d'un représentant de l'administration des contributions comme président, de quatre membres élus par le Conseil général et de deux membres nommés par le directeur des contributions directes parmi les industriels. La Commission départementale se compose de onze membres, savoir : d'un employé supérieur délégué par le directeur des contributions directes comme président, de trois membres élus par le Conseil général, de trois membres élus par les Chambres de commerce du département et de quatre membres nommés par le directeur des

---

[1]) En Alsace-Lorraine : le maire de la commune en question.

contributions directes parmi les industriels. Les membres des Commissions promettront spécialement, et cela au lieu de serment, de garder le secret absolu sur les faits qui viendront à leur connaissance au sujet de la situation des industriels. La durée des fonctions des membres de ces Commissions est de six ans. — Sont évalués par les Commissions d'arrondissement : les commerces et industries qui principalement s'adressent directement aux consommateurs ou qui sont d'une importance essentiellement locale [1]); de même, les professions des géomètres privés ainsi que des agents d'affaires qui s'occupent de la représentation d'autrui dans des affaires judiciaires et de la négociation de contrats relatifs à des immeubles, des prêts et des mariages. Sont évalués par les Commissions départementales : tous les autres commerces, industries, professions, notamment aussi les médecins, pharmaciens, architectes et ingénieurs, avocats, notaires, huissiers, dentistes, vétérinaires. — Les Commissions contrôlent les déclarations et les avis de mutation et sont autorisées à prendre d'autres informations, à entendre des experts et à visiter les emplacements et locaux

---

[1]) Nous énumérons : 1. L'exercice des métiers; 2. les commerces de moindre importance et les commerces ambulants (y compris les magasins ambulants); 3. les professions ayant trait au petit commerce, par exemple : les emballeurs, gourmets, maîtres peseurs; 4. les établissements de vente, de prêt et de louage; 5. les entreprises locales de transport de marchandises et de voyageurs, ainsi que les entreprises d'arrimage et de batellerie; 6. les services postaux privés; 7. les établissements de bains et les lavoirs; 8. les restaurants et débits sans distinction; 9. les entreprises de réjouissances et de représentations publiques; 10. les hippodromes; 11. les professions ambulantes telles que carrousels, tirs et boutiques foraines etc.; 12. l'exploitation de jardins zoologiques etc.

industriels. Cette visite ne peut être confiée, sauf l'assentiment des patentables, qu'à des fonctionnaires de l'État. — Sera puni d'une amende jusqu'à 300 $\mathscr{M}$ (convertie en arrêts si elle n'est pas recouvrable) quiconque s'oppose aux dispositions légitimes des Commissions (§§ 16 à 22, 37, 41, 33, 34).

8. Sur les bases établies par les Commissions d'évaluation le montant de la taxe sera fixé conformément au tarif et *les rôles* (Heberollen) seront dressés en conséquence. Le contribuable aura le droit *de protester* auprès de la Commission contre le résultat de l'évaluation et *d'interjeter appel* devant le directeur des contributions directes contre la décision de la Commission, et ce dans le délai exclusif de trois mois à partir du jour de la publication du rôle ou de la signification de la décision. La feuille de contribution et les quittances des quote-parts échues devront être jointes à la demande. Les réclamations seront examinées sans frais; elles sont soumises au timbre lorsque l'impôt dépasse 25 $\mathscr{M}$. Les frais d'un appel non fondé, peuvent cependant être mis entièrement ou partiellement à la charge du réclamant (§§ 23, 28, 29, 37).

9. *L'Impôt sur les professions est perçu* suivant les dispositions servant de règle pour les contributions directes; la taxe est donc payable pour $^1/_{12}$ par mois. Pour certaines exploitations industrielles, notamment pour celles dont les propriétaires ont leur domicile en dehors de l'Empire, l'acquittement de l'impôt pour l'année entière et en un seul terme peut être ordonné. Le paiement n'est pas suspendu par la protestation ou l'appel (voir num. 8).

En cas de cession d'une exploitation industrielle par suite d'héritage, de location ou de vente, ou par suite d'événements semblables, l'impôt est dû jusqu'à la fin de l'année fiscale. La mutation s'opère, sans nouvelle imposition, par la transcription au nom du successeur. Le vendeur, comme le loueur d'une industrie est solidairement responsable, avec l'acheteur ou le locataire, de la contribution pour l'année entière (§§ 24, 25).

10. L'obligation de payer l'impôt *court à partir* du commencement du trimestre qui suit l'ouverture d'un établissement *et dure* jusqu'à la fin du trimestre dans lequel la profession, suivant déclaration, cessera d'être exercée. Si cette déclaration est faite dans le même trimestre dans lequel l'entreprise a été commencée, la profession est patentable pour un trimestre. La suspension temporaire de l'exercice d'une profession n'affranchit pas de l'obligation de payer l'impôt pour le temps qui s'écoule jusqu'à la reprise de l'exercice dans le courant de la même année ou de l'année suivante (par exemple les entreprises de construction dans les mois d'hiver) (§ 26).

11. Une *réduction de l'impôt* peut être accordée, si la productivité d'une profession a sensiblement diminué par suite de décès, de maladie, d'incendie, d'inondation ou d'événements imprévus. De même en cas de cessation d'un commerce pour cause de décès ou d'émigration, en cas de faillite et d'autres cas de suspension involontaire de l'exploitation d'une profession. Les droits imposés peuvent être *supprimés,* notamment dans le cas où le recouvrement par contrainte devait compromettre le contribuable dans son existence commerciale (§§ 30, 31).

IV. L'Impôt sur l'exercice des professions ambulantes.

1. En vertu de la loi du 8 juin 1896 (Bull. des lois p. 44) *est soumis à l'impôt sur les professions ambulantes* quiconque veut, personnellement,

en dehors des limites de la commune où il réside ou des environs immédiats reconnus comme assimilés à cette circonscription communale, et sans avoir de domicile commercial et sans commande préalable : 1. mettre en vente des marchandises; 2. rechercher des commissions ou acheter des marchandises pour les revendre chez d'autres personnes que chez des marchands, ou en d'autres endroits que dans des locaux de vente publics; 3. offrir des prestations commerciales; 4. donner des représentations musicales, théâtrales ou autres divertissements et exhibitions, sans qu'un intérêt supérieur artistique ou scientifique soit en jeu. Celui qui exerce une profession ambulante seulement *dans les limites* de la commune où il réside ou des environs avoisinants reconnus comme assimilés à cette circonscription communale, est soumis à l'impôt pour le commerce sédentaire (§§ 1, 5).

2. *Est exempt de l'impôt :* 1. celui qui offre en vente ses propres produits de l'agriculture ou des forêts, de l'horticulture et de la culture des arbres fruitiers, de l'élevage de la volaille et des abeilles, de la chasse et de la pêche; 2. celui qui met en vente dans les alentours de son domicile, ne dépassant pas un rayon de quinze kilomètres, des marchandises de sa propre fabrication qui font partie des articles de commerce des marchés hebdomadaires, ou qui offre des prestations commerciales selon les usages du pays; 3. celui qui amène par eau et offre en vente du bateau même ses propres produits ou des marchandises de sa propre fabrication en tant que c'est l'usage dans le pays; 4. celui qui, à l'occasion de fêtes publiques, de rassemblements de troupes ou d'autres occasions extraordinaires, met en vente, avec l'autorisation de l'autorité de police locale, certaines denrées qu'elle aura déterminées;

5. celui qui exerce une profession aux foires et sur les marchés annuels et hebdomadaires, quand il ne s'agit d'offrir et de mettre en vente que des objets admis par les règlements de marché et **par** le § 66 du Code industriel (Gewerbeordnung);

6. le propriétaire d'un commerce sédentaire et le voyageur à son service qui achète des marchandises ou recherche des commissions en dehors du domicile commercial, sous la condition toutefois que l'achat des marchandises n'ait lieu que chez des commerçants ou des producteurs ou dans les magasins de vente publics, qu'on ne soit fourni des marchandises achetées que dans le but de leur transport au lieu de leur destination, et que celui qui recherche des commissions n'ait avec lui que des modèles ou échantillons (§§ 2, 3, 4, voir aussi num. 6).

3. L'impôt sur les professions ambulantes pour les habitants des États de l'Empire est le même que pour les habitants de l'Alsace-Lorraine. Par contre pour les *étrangers* — sauf le cas du principe de réciprocité — les dispositions suivantes entrent en vigueur : En général ils sont soumis à l'impôt sur les professions ambulantes, en tant qu'il leur faut un permis pour l'exercice des professions ambulantes dans le pays ou qu'il leur faut un permis de colportage. Ceux d'entre eux qui font leur commerce aux foires et sur les marchés annuels et hebdomadaires sont exemptés de l'impôt. Il est à observer que, conformément aux traités et conventions existants, les citoyens du grand-duché de Luxembourg jouissent des mêmes droits que les citoyens des États de l'Empire, et que les citoyens de la Belgique, de la France et de la Suisse, en tant qu'il s'agit de rechercher des commissions et d'acheter des marchandises, sont exemptés de

l'impôt sous les mêmes conditions que les indigènes (voir num. 2, 6), s'ils prouvent, par une carte de légitimation, qu'ils ont le droit d'exercer cette profession dans leur pays (§§ 6, 29).

4. Quiconque veut exercer une profession soumise à l'impôt sur les professions ambulantes est tenu d'en faire *la déclaration préalable* au fonctionnaire chargé de l'imposition des contributions, afin que le taux des contributions puisse être fixé, et il doit en prouver l'acquittement par la production d'un certificat de patente. En même temps le patenté doit fournir tous les détails pouvant servir de base pour la fixation de l'impôt. Il se servira du formulaire prescrit à ces fins; la déclaration pourra aussi être faite verbalement auprès de l'autorité de la police locale. La déclaration se fera en même temps que la demande d'un permis d'industrie ambulante ou d'une carte de légitimation ou d'un permis de colportage selon que les prescriptions du Code industriel exigent l'un ou l'autre de ces documents pour l'exercice de la branche de commerce projetée. Le contribuable qui donne des indications incomplètes ou fausses en déclarant l'exercice de sa profession est passible d'une amende pouvant se monter à la somme double de l'impôt dû. Au lieu et place de cette peine une amende de 1 à 100 ℳ (convertie en arrêts si elle n'est pas recouvrable) pourra être prononcée, notamment lorsqu'une défraudation n'était pas intentionnée. Aussi les marchandises servant à l'exercice de la profession ambulante pourront être mises sous séquestre pour garantir la rentrée de l'impôt, de l'amende et des frais (§§ 7, 17, 20, 21).

5. *Le montant de l'impôt est fixé* selon la déclaration pour l'année civile courante et un *certificat de patente* (voir num. 4) est délivré par le percepteur

contre versement de la quote-part de l'impôt échue.
La totalité de l'impôt portée sur le certificat de
patente est payable au préalable. Il est permis de
concéder un payement à termes pour les commerçants solvables qui ont un domicile fixe en
Alsace-Lorraine. Le certificat de patente n'est valable que pour la personne pour laquelle il a été
délivré; il est interdit de le remettre à une autre
personne pour en faire usage. Les personnes qui
ne sont qu'aides et compagnons n'ont pas besoin
d'un certificat de patente. Pour les membres de
troupes (voir num. 1, 4) il peut être délivré un
seul certificat. Le détenteur d'un certificat de
patente est astreint d'en être nanti pendant l'exercice du commerce, de l'exhiber sur la réquisition
de l'autorité compétente et de cesser sur injonction
l'exercice de la profession jusqu'à ce que le certificat soit produit. En cas de contravention, le titulaire du certificat de patente est passible d'une
amende de 1 à 50 ℳ. Dans le cas où celui qui
exerce une profession ambulante voudrait étendre
le commerce à d'autres marchandises ou prestations
que celles indiquées au certificat de patente, ou se
faire accompagner par d'autres personnes que celles
enregistrées, il serait obligé d'en faire la déclaration
à l'effet d'obtenir la rectification ou le complément
du certificat. Si le certificat de patente a été égaré,
détruit ou abîmé, une autre expédition en pourra
être demandée. Celui qui exerce un métier ambulant sans être muni d'un certificat de patente, celui
qui, sans avoir fait la déclaration prescrite, exerce
une autre profession ambulante que celle indiquée
dans le certificat ou étend l'exercice de la profession sur d'autres marchandises ou prestations ou se
fait accompagner par d'autres personnes que celles
qui sont enregistrées, est passible des mêmes peines,

indiquées plus haut sous le numéro 4 à la fin. Quiconque charge une tierce personne pour son propre compte de l'exercice d'une profession ambulante est responsable des amendes que son délégué encourra, de même que des frais de la procédure ainsi que du paiement ultérieur de l'impôt (§§ 8 à 13, 15, 17 à 21).

6. *Montant de l'impôt.* L'impôt sur les professions ambulantes sera toujours fixé pour l'année civile courante et se monte à 60 *ℳ* pour l'ordinaire.

Exceptionnellement, quand il s'agit de vendre des boissons spiritueux, de donner des représentations musicales, théâtrales ou autres divertissements et exhibitions, sans qu'un intérêt supérieur artistique ou scientifique soit en jeu, ou quand il s'agit de l'exercice d'une profession ambulante par un étranger, le permis pourra être délivré pour un laps de temps plus court et l'impôt ne sera alors fixé que pour la durée du permis; toutefois il ne pourra pas être inférieur à la somme due pour un mois. Le taux minimum de la contribution est fixé à 6 *ℳ*, le taux maximum à 360 *ℳ* par an. Le Ministère est autorisé à permettre l'exercice de la profession ambulante pour certaines branches et dans des cas particuliers à titre gratuit et a le droit de faire délivrer un bulletin d'exemption d'impôt. D'autre côté pour les entreprises de plus grande importance la cote annuelle de 360 *ℳ* pourra être transgressée exceptionnellement (voir § 6 de la loi du 13 juillet 1901, Bull. des lois p. 80).

La taxe est prélevée conformément au tarif ci-joint :

Tarif.

Classe.	Productivité. *M*	Montant de l'impôt.
1	2	3
1	} au-dessous de 400	6.—
1a		12.—
2	de 400 à 600	18.—
3	» 600 » 800	24.—
4	» 800 » 1000	36.—
5	» 1000 » 1200	48.—
6	» 1200 » 1500	60.—
7	» 1500 » 2000	84.—
8	» 2000 » 2500	120.—
9	» 2500 » 3000	156.—
10	» 3000 » 4000	216.—
11	» 4000 » 5500	276.—
12	» 5500 » 7000	360.—

Il est à observer que les taxes qui restent au-dessous de la moyenne de 60 *M* s'appliquent aux commerces de marchandises de moindre valeur, à d'autres commerces qui sont exercés de façon beaucoup plus faible que n'est l'ordinaire et enfin dans les cas où l'exercice du commerce est influencé par des circonstances particulières (caducité corporelle, grand âge, etc.). Les moindres taxes s'appliquent par exemple aux chiffonniers, remouleurs, drouiniers, etc., en considérant en même temps si ces personnes sont accompagnées d'un aide (de la femme, d'enfants adultes). Comme professions auxquelles s'appliquent les taxes supérieures nous énumérons : les magasins ambulants, le commerce des chevaux et bestiaux, l'entreprise de machines à battre, les entreprises de représentations théâtrales, les ménageries ambulantes, les cirques. -- Le contribuable a le droit de *réclamer* dans le délai d'un

.mois préclusif à partir du jour de la remise du certificat de patente contre la fixation de la cote des contributions. Contre la décision rendue *recours* peut être interjeté dans le délai d'un mois à partir de la communication de la décision. La réclamation ainsi que le recours doivent être adressés au directeur des contributions directes soit par écrit soit verbalement. La feuille de contribution et les quittances de quote-parts échues devront être jointes à la réclamation. La réclamation et le recours seront examinés sans frais; ils sont soumis au timbre lorsque l'impôt dépasse 25 ℳ (§§ 8, 16, 23).

7. Dans le cas de renonciation à l'exercice du commerce ainsi que dans le cas de sa cessation, suspension ou réduction, l'impôt n'est généralement pas *remboursé*. Toutefois, si le commencement de l'entreprise n'a pu se produire ou si l'exercice en a été abandonné par suite d'événements imprévus et indépendants de la volonté du contribuable et si le certificat de patente est rendu dans un délai de 6 mois après sa délivrance, l'impôt pourra être remis dans le premier cas en entier et dans l'autre cas proportionnellement. Dans les cas de ce genre il pourra être délivré sur demande du titulaire du certificat de patente ou de ses survivants, à l'effet de continuer le commerce pour leur compte, un nouveau certificat pour le reste de l'année à cote réduite ou gratuitement. Dans les cas où l'exercice d'une profession ambulante devrait être interrompu par suite d'événements imprévus, la remise entière ou partielle de l'impôt pourra être faite sur demande (§ 14).

8. *Les déballages ambulants* ou entreprises par lesquelles passagèrement, dans un lieu autre que la résidence de l'entrepreneur et en dehors du commerce des foires et des marchés, des marchandises

sont offertes en vente, dans des établis stables, sans qu'il y ait établissement d'un domicile commercial, *sont soumis* en sus de l'impôt sur les professions ambulantes *à une taxe municipale* spéciale pour chaque endroit où le commerce sera exercé. Ne sont pas considérés comme déballages ambulants : *a)* la vente d'objets provenant d'expositions aux expositions publiques; *b)* la vente de marchandises dans des locaux de vente fixes pendant la durée de la saison dans les villes de bains; *c)* la vente d'objets saisis faite par des huissiers, appariteurs ou porteurs de contraintes. Par le fait de l'élection de domicile au lieu d'exploitation ou par une déclaration en règle de son entreprise comme commerce sédentaire, l'entrepreneur ne sera pas libéré du paiement de l'impôt sur les professions ambulantes, ni de la taxe municipale, si les circonstances font présumer que l'élection de domicile ou la déclaration ont été faites pour masquer l'exploitation d'un déballage ambulant. — Avant de commencer l'exploitation, l'entrepreneur devra en faire la déclaration à la mairie en joignant le certificat de patente ainsi que la feuille de contribution. Le maire délivrera ensuite le *permis* pour le déballage ambulant (Wanderlagerschein), après paiement duquel seulement l'exploitation pourra avoir lieu. — *La taxe municipale* change d'après la grandeur des communes comme suit :

a) dans les localités jusqu'à 2000 habitants 20 ℳ
b) » » » de 2000 à 10 000 » 40 »
c) » » » » 10 000 à 50 000 » 60 »
d) » » » de plus de 50 000 » 80 »

pour chaque semaine. Elle est payable d'avance pour toute la durée de l'exploitation commerciale. La taxe ne sera pas prélevée pour moins d'une semaine. La semaine commence avec le jour de l'ouverture de la vente. Une suspension du commerce ou la clôture avant l'expiration de la semaine sont sans influence. Une réduction de ces taxes est accordée pour les déballages ambulants comprenant les produits bruts de l'agriculture et des forêts, des substances alimentaires ordinaires, des articles de ménage de moindre valeur et autres marchandises destinées à l'usage ayant peu de prix. Les communes du lieu d'exploitation sont autorisées à prélever dans les localités désignées

sous *a)* des taxes pouvant aller jusqu'à 2 *M*
» *b)* » » » » » 5 »
» *c)* » » » » » 10 »
» *d)* » » » » » 20 »

Contre la fixation de la taxe municipale le contribuable a le droit de *réclamer* et d'interjeter *recours* de la manière, comme il a été expliqué sous le numéro 6. — Les pénalités indiquées sous le numéro 4 s'appliquent de même aux entrepreneurs de déballages ambulants (§§ 24 à 29).

V. L'Impôt sur le capital.

1. A partir du 1er avril 1903 la contribution personnelle-mobilière est abrogée (loi du 13 juillet 1901, Bull. des lois, p. 80). En même temps un *impôt sur le capital* (§ 1 de la loi du 13 juillet 1901, Bull. des lois, p. 55) et un impôt sur les salaires et traitements (voir chap. VI) sera perçu à l'avenir.

2. Sont soumis à l'impôt : 1. *les sujets de l'Alsace-Lorraine et tous autres sujets de l'Empire domiciliés* (« demeure avec intention d'y rester ») ou *résidant* (« sans domicile dans l'un ou l'autre des États de l'Empire ») en Alsace-Lorraine ; 2. *les étrangers* domiciliés en Alsace-Lorraine et ceux y

résidant pour affaires lucratives, ou bien y résidant depuis plus d'un an sans interruption ou depuis trois années avec des interruptions: 3. les corporations, sociétés commerciales, associations, sociétés, fondations, sociétés civiles, ayant un siège en Alsace-Lorraine, les masses de faillite, les curatelles, en tant qu'elles renferment des capitaux portant intérêts. —

Sont exempts de l'impôt sur le capital : l'Empire, l'Alsace-Lorraine, ainsi que leurs établissements: la banque de l'Empire (Reichsbank); les départements et les communes; les établissements d'instruction publique; les fabriques d'église, les paroisses et succursales protestantes et les consistoires israélites; les caisses, associations professionnelles et établissements d'assurances, créés en vertu des lois dans le but de l'application de l'assurance légale contre la maladie, les accidents et l'invalidité; les caisses d'épargne et les caisses de prêt publiques; les sociétés publiques d'assurance contre la mortalité du bétail et contre la grêle; les établissements et fondations pour les soins à donner aux malades et pour les secours à donner aux indigents: les sociétés de secours mutuels. — Ne rentrent pas en outre en ligne de compte pour la cotisation les produits de capitaux et rentes ne dépassant pas annuellement la somme de 100 $\mathscr{M}$., ni les produits de capitaux et rentes obtenus par les industriels des capitaux engagés dans leur industrie et nécessaires à son exploitation ou des effets et lettres de change en circulation, acquis dans le but de la négociation professionnelle. Sont de même exemptes de l'impôt les rentes provenant de la propriété foncière ou des bâtiments dont le revenu est déjà soumis à l'impôt sur les propriétés foncières. — Enfin, l'exemption pourra être accordée aux veuves, aux femmes divorcées, délaissées ou vivant séparées de leurs maris, aux mineurs sans père et aux personnes incapables partiellement de se créer des subsistances, le tout, pourvu que les sommes imposables ne dépassent pas 300 *M.* par année (§§ 3, 4, 5).

3. *Matière contribuable.* Est soumis à l'impôt sur le capital le produit des capitaux et rentes provenant soit de l'Alsace-Lorraine, soit de sources situées en dehors du pays. Savoir : les intérêts et autres revenus provenant de capitaux quelconques placés à intérêts, spécialement d'obligations de l'Empire, de l'Alsace-Lorraine et d'autres États, allemands ou étrangers, de communes et toutes autres corporations publiques, de lettres de gage et créances hypothécaires; les dividendes, intérêts et autres allocations provenant de parts de sociétés par actions, de sociétés en commandite par actions, de sociétés à responsabilité limitée, de sociétés minières; les revenus obtenus de créances non productives d'intérêts pour le remboursement d'une somme plus élevée que celle déboursée originairement (telles que créances à termes, lettres de change, bons du trésor, obligations à lots); enfin les rentes quelconques, tant en argent qu'en denrées (§. 2).

4. La fixation de l'impôt aura lieu sur la base d'une *déclaration* indiquant l'échelle du tarif (voir num. 6). Le directeur des contributions directes est chargé de diriger les opérations de cotisation, dont les frais sont à la charge du trésor. La déclaration devra être faite en âme et conscience dans le délai d'un mois (de six semaines pour la première cotisation). Si l'on demande la déduction d'intérêts passifs ou de charges (voir num. 6), il est nécessaire que la déclaration mentionne l'acte justifiant la déduction, le créancier ou crédirentier ainsi que le montant des intérêts ou rentes. Quiconque

aura négligé- de faire la déclaration, sera puni d'une amende jusqu'à 50 *M.*; quiconque, sans motifs suffisants, n'aura pas fait la déclaration dans le délai prescrit, sera puni d'une amende jusqu'à 20 *M.*, et ce défaut de déclaration entraînera en outre la déchéance des pourvois contre la taxe établie pour la prochaine période (voir num. 5); quiconque aura occasionné son classement dans une échelle inférieure par des indications sciemment inexactes ou incomplètes, ou sa non-cotisation par l'omission de revenus imposables qu'il est tenu de déclarer d'après la loi, sera puni d'une amende du double jusqu'au quadruple (et en cas de récidive dans les dernières 6 années, jusqu'au sextuple) de l'impôt annuel soustrait. Cette amende sera remplacée par une· amende jusqu'à 50 *M.* si l'intention de frauder les droits manquait. Il n'y aura plus lieu à amende, quand une déclaration omise, inexacte ou incomplète est faite ou rectifiée avant qu'on n'ait procédé aux poursuites. La poursuite se prescrit dans le cas où la déclaration n'aura pas été faite dans le délai, après 3 mois, à dater de l'expiration du délai fixé, dans tous les, autres cas, après 5 années, à compter de la fin de l'année fiscale. — Les amendes qui ne pourraient être recouvrées, seront converties en arrêts. — On procédera à la taxation *dans la commune* où le contribuable aura son domicile ou sa résidence. Si le contribuable a plusieurs domiciles, l'imposition aura lieu dans la commune dans laquelle il séjourne la majeure partie de l'année. Un séjour inférieur à trois mois par an ne sera pas pris en considération. — Il y aura lieu *d'ajouter au revenu* de tout chef de ménage tout revenu appartenant aux membres du ménage. L'impôt ainsi établi est réputé dette solidaire des deux époux. La femme en est tenue jusqu'à concurrence de la somme qu'elle devrait acquitter si elle avait une cote particulière pour son revenu personnel des capitaux. *Auront une cote distincte :* les femmes vivant définitivement séparées de leurs maris et les enfants et tous autres membres du ménage, s'ils jouissent d'un revenu de capital non soumis à la disposition du chef du ménage. — La cotisation aura lieu chaque fois pour *une période de trois ans.* Pendant une période il n'y aura lieu à un changement de la taxe que dans les cas suivants : lorsqu'une erreur matérielle s'est glissée dans la cotisation; lorsque des individus deviennent contribuables par suite de leur immigration, ou lorsque des individus assujettis quittent le pays; lorsque l'obligation d'acquitter l'impôt naît ou s'éteint par suite de succession, donation, partage, mariage, ainsi que d'achat ou de vente d'immeubles ou d'entreprises; enfin lorsque par suite d'un pareil cas, ainsi que par suite d'augmentation ou de diminution des intérêts passifs, ou charges déduites, la cote s'est modifiée de la sorte que l'assujetti doit être classé au moins dans la seconde échelle de tarif au-dessus ou au-dessous de celle qu'il occupe. Toutes les autres modifications du produit des capitaux et rentes, ni tous autres événements quelconques ne donnent lieu à aucun changement du droit pour la période en cours. Les modifications de la taxe auront leur effet dès le commencement du prochain trimestre du calendrier (§§ 10 à 14, 27 à 31, 33, 36, 37).

5. *Des Commissions spéciales* procéderont à l'établissement de l'impôt sur le capital. Une commission d'arrondissement sera formée pour chaque ressort de cotisation et une commission départementale pour chaque ressort administratif. En tant que de besoin, des commissions spéciales pourront être formées pour des parties d'arrondissement, et des

commissions de recensement préalable dans les grandes communes. La commission d'arrondissement sera composée de 8 membres, savoir : d'un agent de l'administration des contributions, en qualité de président, de deux membres élus par le Conseil général, de deux membres élus par le Conseil d'arrondissement (pour les villes de Strasbourg, Mulhouse, Metz et Colmar par le Conseil municipal) et de trois membres nommés par le directeur des contributions directes. La commission départementale se compose aussi de 8 membres, savoir : d'un fonctionnaire supérieur, comme président, de deux membres élus par le Landesausschuss, de deux membres élus par le Conseil général et de trois membres nommés par le directeur des contributions directes. Pour les deux commissions le Ministère pourra autoriser certaines communes à faire élire par le Conseil municipal un membre en sus pour la durée de trois ans. Les membres prometteront, au lieu de serment, de garder rigoureusement le secret sur la situation des contribuables qui viendrait à leur connaissance. Les membres, ainsi que les employés chargés d'établir l'impôt, seront, en cas de contravention à ces dispositions, passibles d'une amende de 30 jusqu'à 2000 $\mathcal{M}$., indépendamment de la responsabilité civile (§ 21 de la loi du 6 mai 1893). — Les commissions d'arrondissement établissent la taxe des individus jouissant d'un revenu annuel jusqu'à concurrence de 3000 $\mathcal{M}$., et les commissions départementales, celle des individus ayant un revenu supérieur. — Les commissions, sur la base des déclarations (voir num. 4), fixeront pour chaque imposable l'échelle de sa taxe. Elles ont le droit, si les indications des imposables soulèvent des doutes, de leur réclamer des renseignements, que l'imposable est tenu de donner, sous peine d'amende jusqu'à 50 *M.* — La cotisation des entrées, sorties et modifications qui surviendraient au cours d'une période est faite provisoirement et jusqu'à la prochaine réunion de la commission par le président de la commission. Le résultat de la cotisation peut être attaqué par le *pourvoi de réclamation* dans le délai péremptoire de 3 mois à courir du jour de l'émission du rôle (voir num. 7). La décision est rendue par la commission de cotisation. Cette décision peut être attaquée par *voie d'appel* dans le délai péremptoire d'un mois. Une commission spéciale statuera sur l'appel. La réclamation ainsi que l'appel devront être adressés au directeur des contributions directes et sont sujets au timbre de dimension, si le droit dépasse 25 *M.* (§§ 15 à 24).

6. Est considéré comme *montant imposable* le produit annuel des capitaux et rentes d'après l'état à l'époque de la cotisation. Pourront être déduit de la cote le montant annuel des intérèts du passif garanti par hypothèque ou gage, ainsi que des charges civiles assises au produit imposable du capital. Les charges ayant le caractère de libéralité, ou résultant d'obligations légales générales, ne sont susceptibles d'aucune déduction. De même, si les immeubles hypothéqués ne sont pas situés en Alsace-Lorraine, les intérêts de ce passif ne pourront être déduits. — Les revenus indéterminés ou variables seront calculés d'après leur produit moyen de la période précédente, et pour la première cotisation d'après la moyenne des deux dernières années. Les créances incertaines non recouvrables depuis deux années n'entrent pas en ligne de compte. Les sommes imposables provenant de ressources situées en dehors de l'Alsace-Lorraine sont diminuées de l'impôt dont elles se trouveraient grevées à l'étranger. — Lorsqu'une rente consiste en fruits ou denrées,

la valeur en sera estimée en argent. Pour les obligations à lots non productives d'intérêts on comptera pour intérêt 3 1/2 °/o de la valeur nominale originaire. Pour les créances non productives d'intérêts, mais comprenant des intérêts, pour les rentes temporelles et toutes autres créances dont les intérêts payés comprennent une portion du principal, on considérera dans la règle générale comme somme imposable 3 1/2 °/o de la valeur nominale du montant restant dû chaque fois de la créance. — Pour les *étrangers a)* domiciliés tant au pays qu'à l'étranger; *b)* ou ne résidant pas en Alsace-Lorraine pour affaires lucratives ou n'y résidant pas sans interruption, l'impôt n'est établi que sur la base de la durée moyenne de leur séjour en Alsace-Lorraine pendant les trois dernières années. En cas d'une moyenne de séjour jusque trois mois on ne calculera que la moitié, et si la durée de séjour des étrangers désignés sous la lettre *b)* ne dépasse pas, en moyenne, trois mois par an, l'impôt ne sera pas perçu. —

Le taux de l'impôt est de $3\,\tfrac{1}{2}$ °/o du montant imposable. L'impôt sera perçu suivant le tarif ci-dessous :

Tarif.

Degré.	Revenu. ℳ	Moyenne du revenu. ℳ	De cette moyenne du revenu sont soumis à l'impôt de 3½ pour cent.
1	2	3	4
1	100 à 200	150	40
2	200 » 400	300	40
3	400 » 600	500	50
4	600 » 800	700	50
5	800 » 1000	900	60
6	1000 » 1300	1150	60

Degré.	Revenu. *Mk*	Moyenne du revenu. *Mk*	De cette moyenne du revenu sont soumis à l'impôt de 3½ pour cent.
1	2	3	4
7	1300 à 1600	1450	70
8	1600 » 2000	1800	70
9	2000 » 2500	2250	80
10	2500 » 3000	2750	80
11	3000 » 3500	3250	90
12	3500 » 4000	3750	90
13	4000 » 5000	4500	100
14	5000 » 6000	5500	100
15	6000 » 7000	6500	100
16	7000 » 8000	7500	100
17	8000 » 10000	9000	100
18	10000 » 12000	11000	100
19	12000 » 15000	13500	100
20	15000 » 20000	17500	100
21	20000 » 25000	22500	100
22	25000 » 30000	27500	100
23	30000 » 35000	32500	100
24	35000 » 40000	37500	100
25	40000 » 45000	42500	100
26	45000 » 50000	47500	100
	Chaque degré subséquent monte de 5000 *Mk*		

Des centimes additionnels au taux de 2 % de la cote seront perçus au profit du trésor pour couvrir les fonds de non-valeurs au contingent porté aux rôles pour des changements, tels que décharges, réductions, remises, etc. L'impôt sur le capital est en outre soumis aux centimes additionnels départementaux et communaux (§§ 6, 7, 8, 9, 34, 35).

7. *Le recouvrement de l'impôt* aura lieu comme en matière des contributions directes et se fera sans frais. L'impôt est payable dans la règle générale avec ¹/₁₂ par mois suivant les *rôles* de perception

rendus exécutoires. L'acquittement de l'impôt établi ne sera pas suspendu par l'interjection de pouvoir (réclamation, appel, voir num. 5); il devra se faire aux échéances prescrites, avec réserve de restitution ultérieure. — En cas de perte totale ou notable du patrimoine-capital, la *remise* totale ou partielle de l'impôt pourra être accordée. De même les cotes établies pourront être *supprimées* dans certains cas, lorsque leur recouvrement forcé pourrait porter atteinte à l'existence économique des contribuables, ou bien quand les poursuites n'aboutiraient probablement à rien. — Lorsque, par suite d'omission de la déclaration ou par suite d'indications inexactes ou incomplètes, la cotisation n'a point eu lieu ou a été comprise dans une échelle inférieure à celle qui aurait été applicable, le droit payé en moins doit être encore acquitté, indépendamment de l'amende (voir num. 4). L'obligation d'acquitter le supplément du droit se prescrit par le laps de six ans, à partir de la fin de l'année fiscale en question; elle passera aux héritiers, mais avec un délai de prescription de trois années seulement, et seulement pour leur part héréditaire (§§ 21, 25, 26, 33).

VI. L'Impôt sur les salaires et traitements.

1. A partir du 1er avril 1903 la contribution personnelle-mobilière est abrogée (loi du 13 juillet 1901, Bull. des lois, p. 80). En même temps un *impôt sur les salaires et traitements* (§ 1 de la loi du 13 juillet 1901, Bull. des lois p. 69) et un impôt sur le capital sera prélevé (voir chap. V, num. 1).

2. *Sont imposées* les recettes provenant de salaires, d'honoraires rétribuant un engagement de

service public ou privé, une profession scientifique, artistique ou ayant pour objet la littérature, l'enseignement, l'éducation ou quelqu'autre occupation productive, ou provenant de prélèvements périodiques et privilèges quelconques, en tant que ces recettes ne sont déjà contributives de l'un des impôts existants et n'ont pas un caractère purement temporaire et accessoire. Rentrent dans cette catégorie les pensions et traitements de disponibilité, de même que toutes autres recettes similaires ayant été attribués en rémunération de travaux, prestations de service ou occupations professionnelles antérieurs et reposant sur une base légale ou sur un titre valable en justice (§ 2).

3. Sont contributifs de l'impôt sur les salaires et traitements : 1. *les nationaux d'Alsace et de Lorraine et autres sujets d'Empire,* ayant leur domicile (« demeure avec intention d'y rester ») ou leur résidence (« sans domicile dans l'un ou l'autre des États de l'Empire ») en Alsace-Lorraine; 2. *les étrangers,* ayant un domicile en Alsace-Lorraine ou y séjournant pour raisons de gain, ou sans interruption depuis plus d'un an, ou avec interruptions depuis trois années; 3. sans égard au domicile ou à la résidence, *les personnes* touchant de la Caisse de l'État *des traitements, des pensions* ou *traitements de disponibilité.* Il est à observer que d'après les dispositions de la loi d'Empire du 13 mai 1870, concernant l'abrogation de l'imposition cumulative, les traitements, pensions et traitements de disponibilité des fonctionnaires publics et des personnes militaires, ainsi que leurs héritiers, ne devront être imposés que dans l'État qui les paye (§ 3).

4. *Sont exempts* de l'impôt sur les salaires et traitements : 1. les salaires et traitements ne dépassant pas 700 *M.* par an, y compris le produit des

autres sources de revenus; 2. le salaire des domestiques jouissant aussi de la table et du logement dans la maison de leur patron; 3. les indemnités de maladies, les rentes d'invalidité, de vieillesse ou d'accident. allouées en vertu des lois de l'Empire et de l'Alsace-Lorraine; 4. les secours de malades et d'indigents; 5. les bourses scolaires, ainsi que les subventions attribuées à l'enseignement, aux sciences, aux arts ou à l'industrie; 6. les dons gracieux, les relèvements de pensions allouées aux invalides militaires, les gratifications et secours d'estropiés, ainsi que les soldes honoraires affectées aux décorations militaires; 7. la paie ou solde des sous-officiers et soldats, de même que celle de tous les militaires de l'armée active et de la marine en cas de mobilisation; 8. les traitements, pensions et traitements de disponibilité des fonctionnaires publics et des personnes militaires, ainsi que de leurs héritiers, et provenant de la Caisse d'un autre État confédéré (voir num. 3); 9. les traitements des fonctionnaires d'Alsace-Lorraine, tenus de résider hors du territoire de l'Empire et de payer à l'étranger un impôt sur leurs revenus de service; 10. les fermages de domaines agricoles (§ 4).

5. La fixation de l'impôt aura lieu : 1. par rapport aux contribuables, ayant un chiffre de recettes dépassant 2000 *M.* par an, en vertu d'une *déclaration* à faire. La déclaration devra être faite en âme et conscience, dans le délai d'un mois après invitation préalable (de six semaines pour la première cotisation), soit par écrit ou verbalement devant l'autorité fiscale ou le maire de la commune; la déclaration faite pour un exercice est aussi valable pour les exercices suivants; une déclaration nouvelle ne sera nécessaire que si les recettes du contribuable ont subi une modification assez sensible pour

motiver l'application d'un autre degré du tarif (voir num. 7); 2. par rapport aux contribuables ayant des recettes ne dépassant pas 2000 *M.* par an, la répartition de l'impôt se base sur un *état de renseignements personnels* à dresser par l'autorité communale, avec application de cotes de salaires moyennes à établir par voie d'enquête; 3. pour les contribuables engagés dans un service public, la déclaration est remplacée par une *spécification* des recettes sujettes à l'impôt, à fournir par l'autorité du ressort duquel le contribuable fait partie. Les recettes accessoires touchées par les dits contribuables des caisses non publiques sont sujettes à la déclaration. — Si le contribuable a omis la déclaration, il est passible d'une amende jusqu'à 50 *M.* Quiconque, sans motifs excusables, n'émet pas, en temps utile, la déclaration, est passible d'une amende jusqu'à 20 *M.* et perd en outre le droit de recours contre la .répartition pour l'exercice correspondant. Quiconque, par suite d'indications sciemment incorrectes ou incomplètes, a été cause de son immatriculation dans une classe d'impôt inférieure à celle à lui applicable, ou de la non-répartition de l'impôt par l'omission volontaire de quotités imposables, est passible d'une amende de deux à quatre fois supérieure (en cas de récidive pendant les dernières six années, d'une amende jusque six fois supérieure) à l'impôt annuel diverti; si l'indication a été faite sans l'intention de fraude, il sera seulement appliqué une amende jusqu'à 50 *M.* Les amendes non recouvrables sont à transformer en arrêts. Si la déclaration omise, incorrecte ou incomplète est faite ou rectifiée avant qu'on n'ait procédé à des poursuites, une punition n'aura pas lieu. La poursuite se prescrit dans le cas où la déclaration n'aura pas été faite en temps utile, après trois mois à compter du délai fixé, dans tous les autres cas, après cinq années à compter de la fin de l'année fiscale en question.

La répartition de l'impôt a lieu *dans la com-'mune,* dans laquelle le contribuable a son domicile, ou à défaut de ce dernier, sa résidence. Si le contribuable a plusieurs domiciles, l'imposition aura lieu dans la commune dans laquelle il séjourne la plus grande partie de l'année. La durée de séjour inférieure à trois mois par an n'est pas prise en considération. — *Sont à imputer sur les recettes du chef de famille, les recettes correspondantes des autres membres du ménage.* Toutefois l'imputation n'a lieu que si ce revenu, pris individuellement, dépasse 500 *M.* par an. L'impôt ainsi imputé correspond à une dette collective des époux, en garantie de laquelle *la femme* est tenue, jusqu'à concurrence du montant, qu'elle aurait à payer elle-même, en cas de répartition individuelle, des recettes personnelles de son salaire ou traitement. *Sont sujets à la répartition individuelle :* les femmes vivant habituellement séparées de leurs maris, ainsi que les enfants et autres membres du ménage, tirant de leur gain individuel un revenu indépendant de celui du chef du ménage. — La répartition a lieu pour *un exercice unique.* Font exception à cette règle *les étrangers* ne séjournant qu'une partie de l'année en Alsace-Lorraine dans un but de gain et pouvant être imposés pour une durée moindre. De *nouvelles taxations* ainsi que des *modifications* dans la répartition n'ont lieu pendant l'exercice en cours qu'en cas d'erreurs de fait survenues dans la répartition, ainsi qu'en cas d'immigration ou d'émigration de contribuables. Ces modifications auront leur plein effet à compter du prochain trimestre du calendrier (§§ 7, 8, 10, 11, 12, 22 à 27, 30, 31).

6. La répartition de l'impôt sur les salaires et traitements est effectuée par les *commissions* instituées pour la répartition de l'impôt sur le capital (voir chap. V, num. 5), de telle sorte que la compétence des commissions d'arrondissement s'étend aux contribuables avec un chiffre de recettes ne dépassant pas 3000 $\mathcal{M}$., et celle des commissions départementales aux contribuables avec un chiffre de recettes plus élevé. Les commissions ont à déterminer le degré du tarif à appliquer à chaque contribuable individuellement, et basé sur les déclarations émises, les renseignements fournis par les autorités publiques, ainsi que les autres assiettes à utiliser dans la répartition. Elles sont autorisées à exiger des déclarations, à se procurer des renseignements complémentaires, et, en outre, des éclaircissements motivés de ceux des contribuables, dont les indications ont donné lieu à des doutes. Le contribuable est tenu à se conformer à cette invite, sous peine d'amende jusqu'à 50 $\mathcal{M}$. — La répartition de nouvelles taxations et des modifications de l'impôt survenues pendant l'exercice en cours est effectuée au préalable et jusqu'à la prochaine réunion de la commission, par le président de celle-ci. — En ce qui concerne *l'interjection de pourvois* (réclamation et appel) les mêmes principes s'emploient que pour l'impôt sur le capital (voir chap. V, num. 5) (§§ 13, 14, 15, 17, 18, 19, 23).

7. Est considéré comme assiette ou valeur imposable *le montant annuel* des recettes en question (y compris les recettes en nature) au moment de la répartition. En cas de recettes variables, la valeur imposable comprendra la moyenne des trois dernières années. — Les débours nécessités par l'acquisition de la recette annuelle peuvent être portés en déduction lors de son évaluation.

Le taux de l'impôt est de $1\,^{90}/_{100}$ du cent de la valeur imposable. L'impôt sera perçu suivant le tarif ci-dessous :

Tarif.

Degré	Revenu.	Moyenne du revenu.	Taxe de l'impôt: 1,90 du cent pour la moyenne du revenu
	$\mathcal{M}$	$\mathcal{M}$	%
1	2	3	4
1	au-dessous de 500	250	10
2	500 à 600	550	10
3	600 » 700	650	10
4	700 » 800	750	15
5	800 » 900	850	15
6	900 » 1000	950	20
7	1000 » 1300	1150	20
8	1300 » 1600	1450	25
9	1600 » 2000	1800	25
10	2000 » 2500	2250	30
11	2500 » 3000	2750	35
12	3000 » 3500	3250	40
13	3500 » 4000	3750	45
14	4000 » 5000	4500	50
15	5000 » 6000	5500	55
16	6000 » 7000	6500	60
17	7000 » 8000	7500	70
18	8000 » 10000	9000	80
19	10000 » 12000	11000	90
20	12000 » 15000	13500	95
21	15000 » 20000	17500	95
22	20000 » 25000	22500	100
23	25000 » 30000	27500	100
24	30000 » 35000	32500	100
25	35000 » 40000	37500	100
26	40000 » 45000	42500	100
27	45000 » 50000	47500	100
	Chaque degré subséquent monte de 5000 $\mathcal{M}$		

En considération de circonstances particulières préjudiciant sérieusement leur productivité (comme par exemple charge de famille et frais extraordinaires d'entretien et d'éducation des enfants, obligation d'entretien de parents indigents, maladie, endettement, infortunes diverses), les contribuables, dont la cote imposable jointe au total d'autres sources de revenu, ne dépasse pas 3000 *M*, peuvent être taxés à un degré inférieur d'impôt. — Il est perçu, au bénéfice de la Caisse de l'État et en couverture des moins-values par suite de décharges, réductions, dispenses et autres motifs similaires, un *centime additionnel* de 5 pour cent de l'assiette de l'impôt. L'impôt sur les salaires et traitements est grevé en outre des centimes additionnels départementaux et communaux. Sont exempts des centimes départementaux et communaux les contribuables ayant leur domicile hors de l'Alsace-Lorraine, ainsi que les militaires en activité. Sont cependant soumis aux centimes additionnels communaux les personnes touchant un salaire ou un traitement de 500 jusque 700 *M.* par an. Les fractions de contribution au-dessous de 50 Pfennig ne sont pas mises en ligne de compte. Le Conseil municipal est autorisé à dispenser ces personnes en question du paiement des centimes additionnels communaux. Sont également exempts les personnes secourues par la commune d'une manière permanente. Les communes, ayant l'octroi, sont autorisées d'imputer sur l'octroi les quotités d'impôts des degrés inférieurs réparties pour la Caisse de l'État jusqu'à concurrence de la somme de 1300 *M.* (§§ 5, 6, 9, 28, 29).

8. *La perception de l'impôt* aura lieu comme en matière des contributions directes et se fera sans frais. L'impôt est payable dans la règle générale

avec ¹/₁₂ par mois, suivant les *rôles* de perception rendus exécutoires. Le paiement de l'impôt réparti ne subi aucun retard du fait de l'interjection de pourvois (voir num. 6); il devra se faire aux échéances prescrites, avec réserve de restitution ultérieure. — En cas d'extinction de l'obligation contributive par suite de décès ou de départ du contribuable, de perte totale du revenu imposable, ou d'un changement de situation, motivant l'exemption d'impôt (voir num. 4), il peut être demandé *décharge* de l'impôt, à commencer du trimestre de l'événement en question. Il y a lieu encore d'accorder une *dispense* totale ou partielle de l'impôt, si, par suite de revers extraordinaires, il se produit une diminution de plus du quart du revenu imposable. De même des quotités imposables déjà réparties peuvent être *annulées* dans certains cas individuels, si le recouvrement de ces quotités par voie de contrainte compromettait l'existence économique des contribuables, ou bien quand les poursuites n'aboutiraient probablement à rien. — Si la déclaration d'impôt a été omise, ou si elle se fonde sur des indications inexactes ou incomplètes, de manière que la répartition a dû être abandonnée ou réduite à un degré inférieur à celui qui eût dû être appliqué en cas de déclaration exacte et complète, le contribuable, indépendamment de l'amende (voir num. 5), est tenu de *parfaire* l'impôt payé en moins. Cette obligation se prescrit dans un délai de trois années, à dater du commencement de l'exercice en question (§§ 16, 20, 21, 27).

9 782019 659431